노경실 선생님이 들려주는 가정 폭력 안전

노경실 선생님이 들려주는
가정 폭력 안전

ⓒ 2020 노경실

1판 1쇄 펴낸날 | 2020년 6월 10일
2판 1쇄 펴낸날 | 2024년 7월 30일

지은이 | 노경실
그린이 | 안성하
펴낸이 | 양승윤

펴낸곳 | (주)와이엘씨
출판등록 | 1987년 12월 8일 제1987-000005호
주소 | 서울특별시 강남구 강남대로 354 혜천빌딩 15층 (우)06242
전화 | 02-555-3200
팩스 | 02-552-0436
홈페이지 | www.aladinbook.co.kr

Domestic Violence Safety
by Noh Kyeong-sil

Copyright ⓒ 2020 by Noh Kyeong-sil
Printed in KOREA

값 13,000원
ISBN 978-89-8401-743-6 74810
ISBN 978-89-8401-724-5 74810(세트)

알라딘 북스는 (주)와이엘씨의 아동 전문 출판 브랜드입니다.

① 품명 : 노경실 선생님이 들려주는 가정 폭력 안전	⑦ 사용연령 : 7세 이상
② 제조자명 : 알라딘북스	⑧ 취급상 주의사항
③ 주소 : 서울시 강남구 강남대로 354	・종이에 베이지 않도록 하세요.
④ 연락처 : 02-555-3200	・책의 모서리가 날카로우니 던지거나 떨어뜨려 다치지 않도록 주의하세요.
⑤ 제조년월 : 2024년 7월	
⑥ 제조국 : 대한민국	⑨ KC마크는 이 제품이 공통안전기준에 적합하였음을 의미합니다.

공통안전기준 표시사항

노경실 선생님이 들려주는

가정 폭력 안전

글 노경실 | 그림 안성하

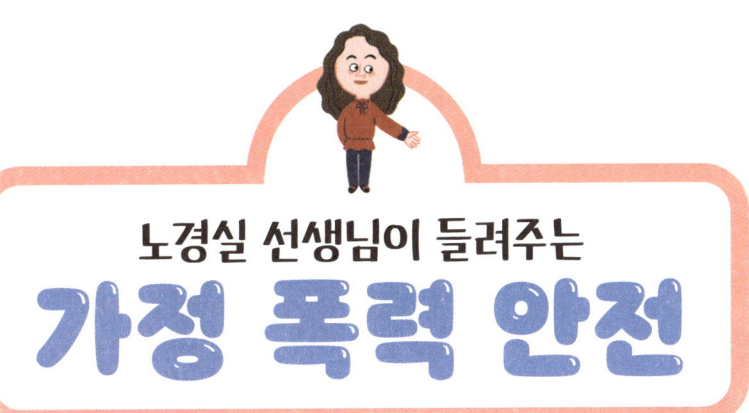

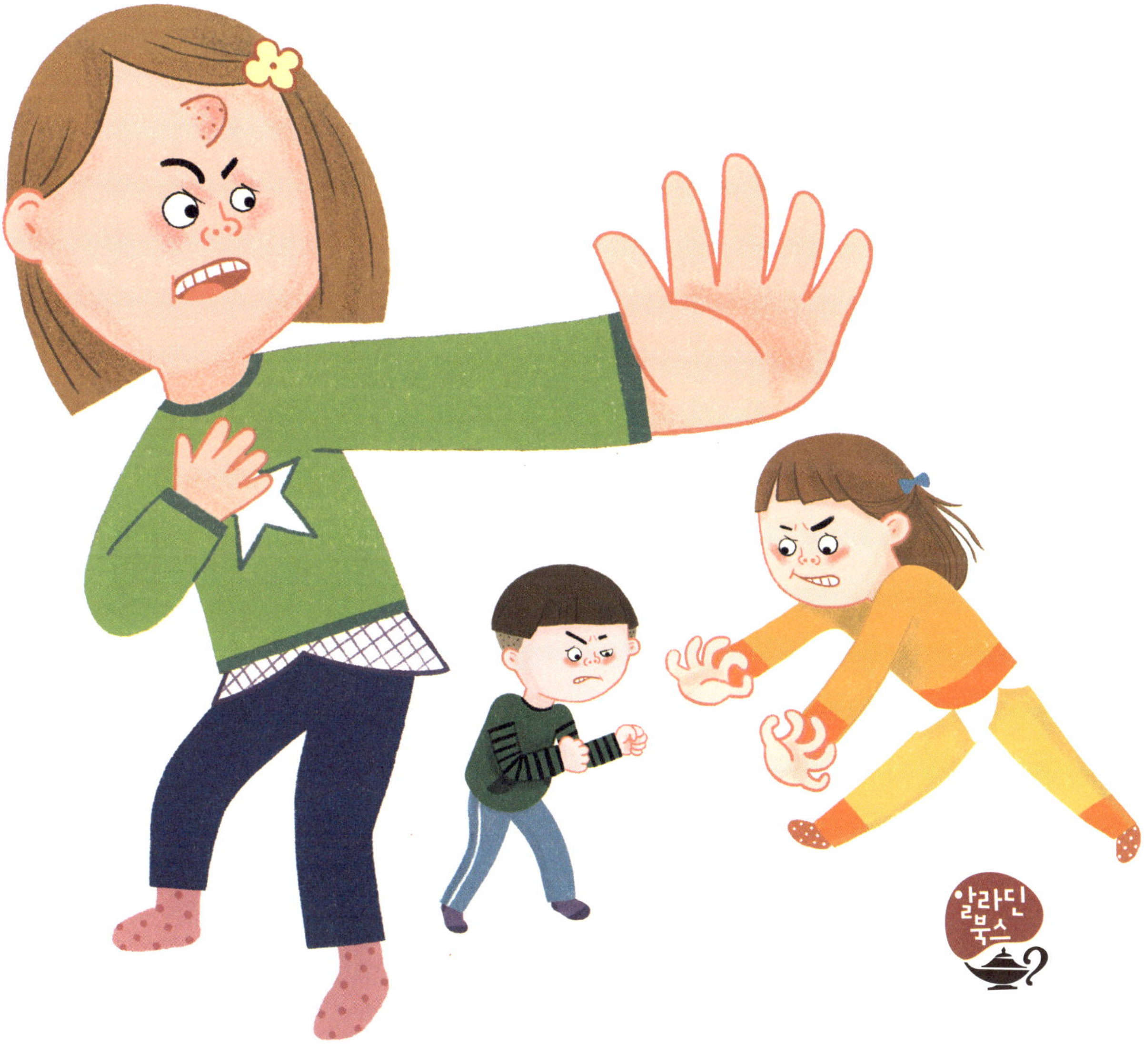

알라딘북스

 **머리말**

안전한 생활이
안전한 미래를 만들어요!

　나의 어린 시절을 생각하면 지금은 말 그대로 꿈같은 세상입니다. 24시간 아무 때나 서로 얼굴을 보며 전화를 할 수 있지요. 궁금한 것이 있으면 손에 들고 있는 스마트폰을 통해 바로바로 찾아볼 수도 있습니다. 먹고 싶은 것은 언제 어디서고 배달 서비스를 받을 수 있어요. 편리해진 우리의 생활을 다 이야기하자면 일주일도 넘게 걸릴지 모르겠어요. 그중에서도 가장 큰 변화는 아마도 인공지능일 거예요. 영화에서만 보던 로봇이 우리를 위해 일하는 세상이 되었으니까요.

　그런데 참 이상하지요? 날마다 새로운 기술, 첨단 제품들이 나오는데 왜 세상은 더 위험해지고 있는 것일까요? 아마 가장 큰 이유는 너무나 복잡해지고, 정신없이 빠르게 움직이는 사회 구조 때문일 거예요. 그러기에 지금 우리에게 안전한 환경을 만드는 것은 정말 중요합니다. 특히 어린이에게는 가정에서도, 학교에서도 안전 교육이 꼭 필요합니다. 안전은 '말'이나 '생각'만으로 되는 것이 아닙니다. '올바른 앎' 즉, 지식이 있어야 합니다. '아는 만큼 보고 아는 만큼 이해한다'는 속담을 기억하나요? 안전도 마찬가지입니다. 아는 만큼 내 안전을 잘 지킬 수 있습니다. 책과 교육을 통해 정확하고 올바른 안전 지식을 가져야 합니다.

나는 '어린이 안전 동화 시리즈'를 통해 어린이들에게 나를 안전하게 지키는 것은 나의 생명과 건강을 보호하는 것이며, 나의 멋진 미래를 가꾸는 첫걸음이라는 것을 알려 주고 싶습니다.

그리고 이것이 바로 나를 사랑하는 사람들에게 가장 큰 기쁨과 선물이라는 것을 잊지 않기를 바랍니다. 언제나 어린이들과 강아지들과 함께하는 나는, 이 책이 어린이들의 행복하고 안전한 생활의 든든한 친구이자 선생님이 되길 소망합니다.

햇살 눈부신 아침,
일산 흰돌마을에서

노경실

 차례

머리말 4

성 예절 안전
우리 몸은 소중해! 9

성폭력 안전
만지지마! 내 몸이야! 22

생명 존중 안전
너는 특별한 사람이야 36

아동 학대 안전
아프면 아프다고 말해! 50

인권 폭력 안전
나도 생각할 줄 알아요 62

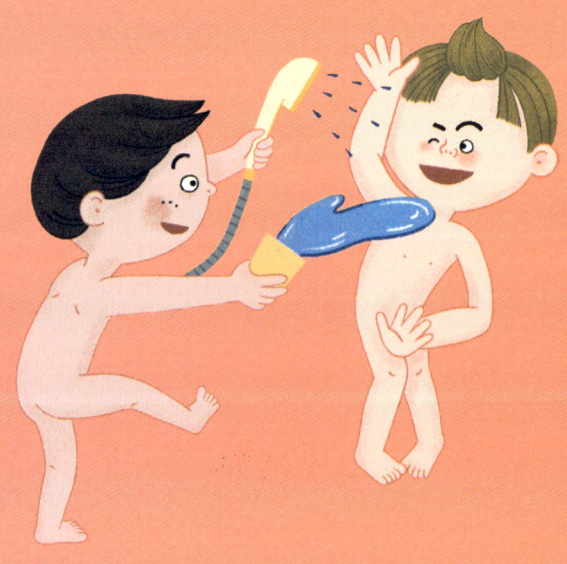

성 예절 안전

우리 몸은 소중해!

　오늘은 경기도에 있는 자연 체험 학습장으로 1박 2일 견학을 가는 날입니다. 체험 학습장에 도착한 아이들은 하루 종일 산과 들, 물가를 돌아다니며 즐거운 시간을 보냈습니다. 마음껏 뛰어놀며 야생초와 작은 벌레들을 찾다 보니 시간 가는 줄도 몰랐습니다.

　"자, 이제 깨끗이 샤워하고 저녁 식사하자."

　선생님의 말에 아이들이 하나둘 샤워장으로 향했습니다. 여자아이들은 여자 도우미 선생님을 따라가고, 남자아이들은 남자 도우미 선생님을 따라갔습니다.

샤워장에 들어온 남자아이들은 수영장에 온 것처럼 즐거워하며 옷을 벗고 물장난을 했습니다.

"얘들아, 준호 엉덩이 좀 봐. 완전 오리 궁둥이야. 크크."

찬수가 준호 엉덩이를 가리키며 웃었습니다.

"쳇! 넌 우리 아빠처럼 똥배 나왔잖아."

준호도 지지 않고 찬수의 배를 놀렸습니다.

아이들이 재미있다는 듯 준호와 찬수를 보며 웃었습니다.

찬수의 얼굴이 빨갛게 달아올랐습니다.

"내 배가 어때서? 넌 오리 궁둥이 들고 꽥꽥 오리 소리나 내."

찬수가 배를 쭉 내밀며 준호의 몸을 툭툭 쳤습니다.

찬수보다 체구가 작은 준호가 넘어질 듯 휘청거리며 뒷걸음질을 쳤습니다.

아이들이 재미있는 시합이라도 보듯 낄낄대며 하나둘 모여들었습니다.

그 모습을 본 도우미 선생님이 다가왔습니다.

"얘들아, 거기 왜 모여 있니?"

선생님이 다가오자 아이들이 순식간에 흩어지고, 혼자 남은 준호가 바닥에 주저앉아 울고 있었습니다.

"준호야, 왜 그래? 어디 아프니?"

선생님이 걱정스런 얼굴로 준호를 살폈습니다.

"찬수가 저보고 오리 궁둥이라고 놀리면서 배로 쳤어요."

준호가 울먹이며 말했습니다.

그러자 멀찍이 서 있던 찬수가 큰 소리로 말했습니다.

"준호가 날 보고 똥배라고 놀렸단 말이에요!"

"네가 먼저 오리 궁둥이라고 놀렸잖아!"

찬수가 울부짖으며 외쳤습니다.

선생님은 찬수와 준호를 샤워장에서 데리고 나왔습니다.

그리고 찬수와 준호를 마주 보고 앉게 했습니다.

"자, 지금부터 찬수는 준호가 되고, 준호는 찬수가 되어 보는 거야."

선생님의 말에 두 아이가 어리둥절한 표정으로 선생님을 바라보았습니다.

"찬수 너에게 오리 궁둥이라고 하면 기분이 어떨까? 준호 네 배를 똥배라고 놀리면 어떤 마음일까? 입장을 바꿔서 생각

해 보자."

두 아이는 약속이라도 한 듯 고개를 푹 숙였습니다.

"무엇이든 서로의 입장에서 생각해 보면 친구의 마음을 알 수 있을 거야. 우리 몸은 모두 다르게 생겼고, 모두 소중해. 친구 사이일수록 서로 다른 점을 이해하고 아껴 주는 마음이 필요하다는 거 잊지 말자. 알았지?"

선생님의 말에 찬수와 준호가 기어들어가는 목소리로 대답했습니다.

"네……."

"자, 크게 다시! 약속할 수 있지?"

두 아이는 누가 먼저랄 것도 없이 크게 외쳤습니다.

"네!"

저녁 식사를 마치고 양치질을 하던 수지가 친구들에게 물었습니다.

"봤어? 봤어?"

"왜? 뭘?"

거울을 보던 아영이와 태희가 수지를 바라보았습니다.

"아까 낮에 서연이가 넘어지면서 윗도리가 위로 훅 올라갔는데 서연이 아랫배에 징그럽게 생긴 긴 줄이 있는 거야. 아휴, 징그러워."

수지는 고개를 절레절레 흔들며 얼굴을 찡그렸습니다.

"정말?"

아영이와 태희의 눈이 동그래졌습니다.

"쉿! 비밀이야."

수지는 손가락을 입술에 대며 작은 소리로 말했습니다.

세 아이는 힐끔거리며 서연이를 바라보았습니다. 마침 미소가 다가오자 태희는 기다렸다는 듯 미소에게 다가가 귓속말을 했습니다.

"서연이 배에 긴 줄이 있대."

"뭐라고? 잘 안 들려. 크게 말해 봐."

미소의 말에 태희가 저도 모르게 큰 소리로 외쳤습니다.

"서연이 배에 징그럽게 생긴 줄이 있다고!"

순간, 아이들의 눈길이 서연이를 향했습니다.

놀란 서연이의 두 눈에 눈물이 그렁그렁 고였습니다.

선생님이 술렁이는 아이들을 조용히 시켰습니다. 그리고 태희를 보며 말했습니다.

"태희야, 서연이는 작년에 큰 수술을 해서 배에 자국이 남은 거야. 서연이에게는 아프고 힘든 일인데 그걸 장난스럽게 말하면 서연이 마음이 어떨까?"

선생님의 말에 태희가 고개를 푹 숙였습니다.

"태희야, 서연이에게 사과할래?"

태희는 서연이에게 진심으로 사과했습니다.

태희의 사과에 서연이의 마음도 풀렸습니다.

선생님은 다가가 태희와 서연이의 어깨를 토닥여 주었습니다. 그리고 아이들에게 말했습니다.

"우리 몸은 소중한 거야. 누구도 함부로 하거나 장난스럽게 말하면 안 돼. 우리는 누구나 남에게 말하기 싫은 자기 몸의 상처나 생김새가 있을 수 있어. 내가 나의 비밀을 지키고 싶은 것처럼 친구의 비밀을 지켜 주는 것도 당연하겠지?"

"네!"

아이들은 큰 소리로 대답했습니다.

곧이어 강당에서 즐거운 장기 자랑이 시작됐습니다. 태희와 서연이도 함께 웃으며 즐거운 시간을 보냈습니다.

안전이 최고야!

♥ 문제를 잘 보고 알맞은 곳에 스티커를 붙여 보세요.

1 친구를 괴롭히는 모습을 보면 어떻게 해야 할까요?

㉮ 친구를 괴롭히면 안 된다고 말해요.　　㉯ 무서우니까 참아요.

2 친구 몸의 상처나 특별한 점을 본다면 어떻게 해야 할까요?

㉮ 친구들에게 널리 알려요.　　㉯ 소중한 친구의 비밀을 지켜 주어요.

3 친구가 몸을 툭툭 치고 장난을 치면 어떻게 해야 할까요?

㉮ 친구니까 싫어도 참아요.　　㉯ 하지 말라고 당당히 말해요.

4 친구가 예쁜 치마를 입고 오면 어떻게 해야 할까요?

㉮ 치마를 들추며 장난을 쳐요.

㉯ 친구의 예쁜 옷을 칭찬해 주어요.

5 몸집이 큰 친구를 보면 어떻게 해야 할까요?

㉮ 친구의 신체적 특징을 갖고 놀리면 안 돼요.

㉯ 불룩 나온 뱃살을 가리키며 놀려요.

노경실 선생님의 '성 예절 안전' 이야기

친구의 얼굴을 보세요. 나처럼 두 개의 눈, 하나의 코, 하나의 입과 두 개의 귀를 가지고 있지만 나와 똑같은 얼굴은 아니에요. 이 세상에 나와 똑같은 사람은 아무도 없어요. 몸도 마찬가지예요. 일란성 쌍둥이라고 해서 몸까지 똑같지는 않아요. 이렇듯 친구의 몸이 나와 다른 것은 당연한 거예요. 우리가 서로 다른 점을 갖고 있다는 것은 '나만의' 또는 '내 친구만의' 아주 특별하고 아름다운 차이임을 알아야 해요. 몸도 마음처럼 소중히 간직해야 해요. 소중한 몸과 마음을 서로 잘 지켜 주는 것이 중요하답니다.

정답 ❶ 나 ㉯ / ❷ 나 ㉯ / ❸ 가 ㉮ / ❹ 나 ㉯ / ❺ 가 ㉮

성폭력 안전

만지지마! 내 몸이야!

"마이크 오빠!"

태희는 너무 좋아 큰 소리로 외쳤습니다.

노래를 좋아해서 별명이 마이크인 사촌 오빠가 방학이 되어 놀러 온 것입니다. 오빠는 내년이면 고등학생이 됩니다. 외동딸 태희는 마이크 오빠가 공부도 잘하고, 얼굴도 연예인처럼 잘생겨서 늘 친구들한테 자랑을 했습니다.

"어서 와. 이제 고등학교 가면 공부하느라 시간도 부족할 텐데 마음껏 놀다 가. 그리고 온 김에 우리 태희 수학 공부 좀 시켜 주고."

엄마와 아빠도 반갑게 마이크 오빠를 맞아 주었습니다. 오랜만에 서울에 올라온 오빠는 태희네 집에서 일주일 동안 지내기로 했습니다.

태희는 학원에 가는 시간 외에는 오빠와 함께 다녔습니다. 엄마와 아빠가 모두 직장에 다녀서 대부분의 시간을 혼자 보내야 했던 태희는 신이 났습니다. 오빠와 함께 보고 싶었던 영화도 보고, 맛있는 음식도 먹으러 갔습니다. 쇼핑하러 가서 오빠의 모자를 골라 주고, 오빠는 태희의 머리띠도 골라 주었습니다. 마이크 오빠는 태희의 친구들을 불러서 피자를 사 주었습니다. 친구들은 모두 태희를 부러워했습니다. 태희는 그런 친구들을 보면서 어깨가 저절로 으쓱으쓱해졌습니다.

친구들을 만나고 오빠와 함께 집에 돌아오는데, 아빠에게서 전화가 왔습니다.

오늘 엄마와 아빠가 일 때문에 늦게 되었으니 둘이서 저녁을 시켜 먹으라는 것이었습니다.

"태희야, 오늘 저녁 뭐 먹을래?"

"음, 난 자장면!"

"그래, 그럼 나도 자장면이지."

태희와 오빠는 함께 집으로 돌아와 자장면을 시켜 먹고, 텔레비전 오락 프로그램을 보았습니다. 게임을 해서 지는 사람에게 벌칙으로 이마에 딱밤을 주는 장면을 보던 오빠가 태희를 보고 말했습니다.

"태희야, 우리도 게임하자!"

"무슨 게임?"

"세계 여러 나라의 수도 이름을 맞추는 게임이야."

"수도? 잘은 모르지만…… 그래도 좋아!"

태희는 오빠랑 하는 놀이라면 무엇이든 좋았습니다.

태희와 오빠는 번갈아가며 문제를 내고 답을 맞혔습니다.

이번에는 오빠가 문제를 낼 차례였습니다.

"콩고민주공화국의 수도는?"

"음……."

태희가 답을 말하지 못하자 오빠가 딱밤을 주었습니다.

"딱!"

태희의 이마가 발갛게 달아올랐습니다.

"아얏! 진짜 세게 때리면 어떡해? 으앙! 오빠 미워!"

태희가 울먹이자 당황한 오빠가 태희를 안아 주었습니다.

"미안, 미안해. 장난이었는데 많이 아팠구나."

오빠는 어쩔 줄 몰라 하며 발개진 태희의 이마에 뽀뽀를 해 주었습니다. 그 순간, 태희는 정신이 번쩍 났습니다.

"오빠, 하지 마! 내 몸이야!"

태희는 오빠를 밀쳐 냈습니다.

"응? 미, 미안해. 난 너를 달래 주려고……."

"그래도 안 돼! 우리 선생님이 절대로 다른 사람이 내 몸을 만지지 못하게 하라고 하셨어!"

"그래, 맞아! 태희야, 아무리 오빠와 동생 사이라도 지켜야 할 건 지켜야 해. 오빠가 실수한 것 같아. 우리 태희, 정말 똑똑하다. 앞으로 오빠도 조심할게."

오빠는 미안함이 가득한 얼굴로 말했습니다.

태희는 그날 저녁, 집에 돌아온 엄마에게 오빠와 있었던 일을 이야기했습니다. 엄마는 태희를 칭찬해 주었습니다.

이튿날, 태희는 학원에서 만난 서연이에게 어제 일을 이야기했습니다. 서연이는 태희와 가장 친한 친구입니다.

태희의 이야기를 듣고 난 서연이가 굳은 얼굴로 말했습니다.

"태희야, 사실은 나도 비슷한 일을 겪은 적이 있었어."

"진짜?"

태희의 눈이 커졌습니다.

"응, 너랑은 조금 다르지만……내가 전에 살던 동네 문방구

주인아저씨가 있었거든. 하루는 내가 귀여워서 주는 거라면서 비싼 초콜릿을 주는 거야. 그러면서 나를 꽉 안았어. 내가 자기 딸이랑 동갑이라서 안아 주는 거래."

"뭐? 그런데 넌 가만히 있었어?"

태희가 깜짝 놀라 물었습니다.

"내가 귀엽다고 하고 선물도 주는데 화를 낼 수가 없었어. 그리고 무서워서 아무 말도 못했어. 그런데 이번에는 입을 맞추려고 하는 거야."

"그래서?"

태희의 목소리가 떨렸습니다.

"그때, 물건 사러 왔던 어떤 아줌마가 그 모습을 보고 소리를 질렀어."

"그래서 그 아저씨는 어떻게 됐어?"

"나를 도와 준 아줌마가 우리 엄마한테 알리고 경찰서에 신고했어."

"서연아, 너 정말 무서웠겠다."

"우리 엄마가 그런 일이 있을 때는, '안 돼요!', '싫어요!'라고

말해야 한다고 했어. 그리고 빨리 그 자리를 피해서 어른들한테 알려야 한다고 했어. 태희, 너도 잘한 거야."
"고마워, 서연아!"
태희와 서연이는 마주보고 웃었습니다.

안전이 최고야!

♥ 문제를 잘 보고 알맞은 곳에 스티커를 붙여 보세요.

1 누가 내 몸을 만지려고 하면 어떻게 해야 할까요?

㉮ "내 몸이에요. 만지지 마세요!"라고 말해요.

㉯ "가족이나 아는 사람은 괜찮아요."라며 웃어넘겨요.

2 모르는 사람이 과자를 주면 어떻게 해야 할까요?

㉮ 과자는 맛있으니까 무조건 받아요.

㉯ 모르는 사람이 주는 건 받지 않아요.

3 누군가 내 몸을 만졌을 때는 어떻게 해야 할까요?

㉮ 곧바로 어른들에게 알려요.

㉯ 나만의 비밀로 간직해요.

4 길에서 모르는 사람이 나를 따라오면 어떻게 해야 할까요?

㉮ 무서우니까 그 자리에 앉아 울어요.

㉯ 가장 가까운 가게에 들어가 도움을 청해요.

5 공공화장실에 갈 때는 어떻게 해야 할까요?

㉮ 무서움을 꾹 참고 혼자서 가요.

㉯ 위험하니까 친구와 같이 가요.

노경실 선생님의 '성폭력 안전' 이야기

내가 내 몸을 지키기 위해서는 언제나 주변을 살피고 조심해야 해요. 잘 아는 사람이라고 해도 내가 싫을 때는 싫다고 정확히 말할 줄 알아야 하지요. 특히, 낯선 사람이 친절을 베풀 때는 절대 따라가거나 아무리 맛있는 과자라도 먹으면 안 돼요. 어린이들이 할 수 있는 것은 그런 일이 일어났을 때, "싫어요! 안돼요!"라며 자기 뜻을 크게 말하는 거예요. 또, 으슥한 장소나 위험해 보이는 곳에는 절대로 혼자 가지 말아야 합니다.

정답 ❶ ㉮ 나 / ❷ ㉯ 가 / ❸ ㉮ 가 / ❹ ㉯ 나 / ❺ ㉯ 나

생명 존중 안전

너는 특별한 사람이야

강아지 달달이는 찬수의 동생입니다. 찬수는 학교에서도 달달이 생각뿐입니다.

'내 동생, 밥은 잘 먹겠지? 어디 아픈 데는 없겠지? 내가 없어 심심하진 않겠지?'

찬수네 가족 모두 달달이를 귀여워합니다. 하지만 누나는 고양이를 더 좋아해서 고양이도 키우자고 수없이 엄마와 아빠에게 말했지만 이뤄지지 않았습니다.

그런데 드디어 누나의 꿈이 이뤄지는 날이 왔습니다.

엄마와 산책을 나갔던 누나가 아파트 화단에서 길고양이가 낳은 새끼 고양이를 발견한 것입니다. 어미 고양이가 차 사고로 죽고 새끼만 남은 위험한 상황이었습니다. 주인이 없다는 것을 확인한 엄마가 고양이를 데리고 가기로 했습니다. 누나의 간절한 부탁 때문이었습니다.

"고양이 이름은 내 이름을 따서 '고리'라고 할 거야."

누나 이름은 유리입니다. '고리'는 고양이 '고' 자와 유리의 '리' 자를 합쳐서 만든 이름입니다.

"고리야!"

그날부터 찬수네 집 분위기가 확 달라졌습니다. 새 가족이 된 고리에게 모든 관심이 쏠린 것입니다. 찬수만 빼고 모두들 고리에게 더 관심을 두었습니다.

'에이, 고양이가 뭐가 예쁘다고! 우리 달달이가 더 귀여운데.'

찬수는 점점 화가 났습니다.

며칠 뒤, 어느 날 오후였습니다. 달달이가 심심했는지 잠자고 있는 고리에게 다가가자 누나가 소리쳤습니다.

"저리 가! 우리 고리 물려고 그러는 거지!"

누나는 발로 달달이를 때리는 시늉까지 했습니다.

깜짝 놀란 달달이가 슬금슬금 자리를 피해 구석으로 들어갔습니다.

화가 잔뜩 난 찬수는 고리가 점점 더 싫어졌습니다.

그날, 마침 집에 혼자 남게 된 찬수는 마음을 먹었습니다.

'이때다!'

찬수는 살금살금 고리 옆으로 다가갔습니다. 고리가 작은 소리에도 눈을 번쩍 뜨기 때문에 숨도 꾹 참았습니다.

'이 나쁜 고양이! 너 때문에 우리 달달이가 귀여움을 못 받잖아! 한번 혼나 봐!'

찬수가 고리를 괴롭히기 시작했습니다. 고리는 작은 우리 안에 있어서 어디로 도망갈 수도 없었습니다. 고리가 아가처럼 크고 슬프게 울기 시작했습니다.

그런데 이게 웬일인가요! 현관문 열리는 소리가 나더니 약속이 있다며 나간 누나가 돌아온 것입니다. 이 모습을 본 누나가 쏜살같이 달려오더니 찬수와 달달이에게 당장 나가라고 소리를 질렀습니다.

달달이가 멍멍 짖으며 누나를 피해 집안 여기저기를 뛰어다

녔습니다. 집 안은 고리와 달달이의 우는 소리, 찬수와 누나가 싸우는 소리로 뒤흔들렸습니다.

그때, 마트에 갔던 엄마와 아빠가 돌아왔습니다. 화가 난 엄마, 아빠는 누나와 찬수를 불러 앉혔습니다.

"너희들 왜 죄 없는 동물한테 화풀이를 하니? 비겁하게!"

"찬수가 먼저 고리를 괴롭혔단 말이에요!"

"누나가 나랑 달달이를 때렸어요!"

찬수가 지지 않고 소리쳤습니다.

"우리는 가족이야. 달달이와 고리도 우리 가족이고. 가족끼리 서로 미워하고 괴롭히면 되겠니?"

찬수와 누나는 아무 말도 하지 못했습니다.

두 사람은 손가락을 걸고 약속했습니다. 누나는 달달이를 고리처럼 예뻐해 주고, 찬수는 고리를 달달이처럼 귀여워해 주기

로요. 달달이와 고리는 무슨 일이었냐는 듯, 자기 자리에서 곤히 잠들어 있었습니다.

오늘은 수지네 반 아이들이 체험 학습을 하러 고구마 밭에 왔습니다.

"자, 모둠 친구끼리 모여서 고구마를 캡시다."

선생님의 말씀에 아이들이 5명씩 모였습니다. 저마다 자그마한 플라스틱 바구니를 옆에 두고 열심히 땅을 파고 고구마를 캐기 시작했습니다. 가장 많은 고구마를 캔 모둠은 상으로 캐릭터 인형이 주어지기 때문에 모두들 열심이었습니다.

그런데 수지의 입이 볼록 앞으로 튀어나왔습니다.

"아휴, 짜증나! 왜 진주는 우리 모둠이야?"

그러자 다른 아이들도 한마디씩 거들었습니다.

"우리 모둠은 진주 때문에 망했어."

"맞아, 보나마나 우리가 꼴찌할 거야!"

수지네 모둠 아이들은 진주를 저만치 떨어뜨리고 4명이 바짝 모여서 고구마를 캤습니다. 평소 다른 아이들보다 체구가 작은 진주는 몸이 약했습니다. 진주는 못들은 척 힘을 내어 고구마를 캤습니다.

　얼마나 시간이 흘렀을까요?

"아얏!"

　진주가 장갑 한 짝을 벗으며 울었습니다. 흙 속에 있던 뻬죽한 돌멩이에 손가락을 부딪힌 것입니다. 너무 아팠습니다. 하지만 크게 울면 아이들이 싫어할까 봐 다친 손가락을 감싸 쥐고 얼굴을 숙이고 울었습니다. 너무 아파 눈물이 줄줄 흘렀습니다.

　이 모습을 본 아영이가 깜짝 놀라 외쳤습니다.

"어머! 진주, 다쳤나 봐. 어떡해?"

"됐어. 괜히 아픈 척하는 걸 거야."

　수지가 차갑게 말하자, 송희도 거들었습니다.

"맞아. 하기 싫으니까 꾀병 부리는 거 아닐까?"

　그러자 아영이가 벌떡 일어났습니다.

"사람이 다쳤는데 너희들 어떻게 그렇게 말하니?"

　아영이가 일어나 진주에게 다가갔습니다.

"진주야, 괜찮아? 많이 다친 거야?"

아영이는 큰 소리로 선생님을 불렀습니다. 선생님이 달려와 진주의 손을 살피고 구급약을 발라 주었습니다.

"진주가 얼마나 열심히 했으면 손까지 다쳤겠니? 선생님이 너희 모둠은 모두 상품 줄게!"

"와!"

"진주야, 고마워! 너 때문에 우리 모두 선물 받는다!"

아이들은 진주에게 박수를 쳤습니다.

수지와 송희는 부끄러움에 고개를 들지 못했습니다.

"진주야, 많이 아파?"

아영이가 진주 옆에 쪼그리고 앉아 물었습니다.

"이제 괜찮아. 고마워."

진주와 아영이가 마주 보며 환하게 웃었습니다.

안전이 최고야!

❤ 문제를 잘 보고 알맞은 곳에 스티커를 붙여 보세요.

1 '나'를 어떻게 생각해야 할까요?

㉮ 나는 이 세상에 하나밖에 없는 귀한 사람이에요.   ㉯ 나는 골칫덩어리 문제아예요.

2 꽃이나 나무를 보면 어떻게 해야 할까요?

㉮ 말 못하는 식물이니까 내 마음대로 해요.   ㉯ 꽃과 나무도 생명이므로 소중히 해요.

3 강아지나 고양이가 말을 잘 듣지 않으면 어떻게 해야 할까요?

㉮ 시간을 갖고 잘 훈련시켜요.   ㉯ 아프게 때려서라도 가르쳐요.

4 친구가 아플 때는 어떤 마음을 가져야 할까요?

㉮ 친한 친구가 아니니까 상관없어요.

㉯ 빨리 나을 수 있게 진심으로 응원해요.

5 야단맞을 때, 어떤 마음을 가져야 할까요?

㉮ 난 쓸모없는 아이라고 생각해요.

㉯ 내가 잘못한 점을 잘 생각해 보아요.

노정실 선생님의 '생명 존중 안전' 이야기

과학자들은 지구 역사가 46억 년쯤 된다고 해요. 그 긴 시간 속에서 '나'는 단 한 사람밖에 없어요. 앞으로 또 46억 년이 흘러도 '나'와 똑같은 '나'는 없을 거예요. 내 가족, 친구, 이웃, 그리고 내가 모르는 모든 사람들도 이 세상에, 이 우주에 단 하나밖에 없는 소중한 생명이에요. 작은 꽃과 나비, 강아지, 참새도요! 생명을 갖고 이 세상에 살아 있는 모든 것은 아름답고 소중하다는 것을 잊지 말고 잘 지켜 주어요. 그중에서도 '나'를 가장 아끼고 사랑해야 한다는 것을 꼭 기억하세요.

아동 학대 안전

아프면 아프다고 말해!

"쟤 좀 이상하지 않아요?"

"그러게 말이에요. 무슨 병을 앓고 있나?"

"아빠랑 둘이 산다는 것 같던데……."

아파트 단지 정자에 앉아 이야기를 나누던 할머니들이 한 아이를 보고 말했습니다.

할머니들이 바라보는 아이는 202동에 사는 보라입니다.

보라는 학교 수업이 끝나면 곧바로 집에 갑니다. 다른 아이들처럼 학원도 다니지 않습니다. 초등학생이 되어서 단 한 번도 친구들과 논 적이 없습니다. 보라는 학교에서 별명이 '유령'

입니다. 같은 학년 친구들보다 키도 작고, 몸은 비쩍 마르고, 여름에도 긴 소매 옷과 긴 바지를 입기 때문입니다. 아이들은 혹시 보라가 팔이나 다리에 화상을 입은 게 아닌지 소곤거리곤 했습니다.

"아무래도 이상해……."

채영이 할머니가 보라를 보며 고개를 갸웃거렸습니다. 채영이는 보라와 같은 반이라서 할머니도 보라를 알고 있습니다.

"학교 다녀왔습니다."

보라가 작은 소리로 인사하는 순간, 유리병이 벽에 부딪히며 깨지는 소리가 들렸습니다. 하지만 보라는 전혀 놀라지 않고 말없이 제 방으로 들어갔습니다.

"술 사 와! 밥 차려!"

아빠의 고함은 그칠 줄 몰랐습니다. 책가방을 내려놓은 보라는 얼른 부엌으로 갔습니다. 그리고 어른처럼 움직였습니다. 밥통에서 밥을 푸고, 냉장고에서 국을 꺼내 전자레인지에 데우고, 마른 반찬들을 밥상에 놓았습니다.

보라는 가녀린 두 팔로 밥상을 들고 안방으로 갔습니다. 그 순간 문이 벌컥 열리면서 화를 내며 나오는 아빠와 세게 부딪히고 말았습니다.

"으악! 앗 뜨거워!"

보라와 밥상이 동시에 바닥으로 나동그라졌습니다. 뜨거운 국물에 보라의 두 발과 종아리가 데이고, 깨진 그릇 조각이 발등을 파고들었습니다.

"뭐야? 왜 이렇게 시끄럽게 울어? 엉?"

술에 취한 아빠는 보라가 아파서 우는데도 다시 밥을 차리라고 소리쳤습니다.

그때, 초인종이 울렸습니다.

"행정 복지 센터에서 나왔습니다."

아빠는 집에 아무도 없는 것처럼 하려고 했지만 보라의 울음소리를 감출 수 없어 할 수 없이 문을 열었습니다.

"아니, 이게 무슨 일이죠?"

사회복지사와 채영이 할머니가 보라를 발견하고 거실로 뛰어 들어왔습니다.

"얘! 괜찮니? 어떻게 된 거니?"

보라의 상태를 살핀 사회 복지사가 구급차를 불렀습니다. 보라의 딱한 모습에 채영이 할머니는 눈물을 닦았습니다.

"내가 이럴 줄 알았어. 사회 복지사를 모시고 오길 정말 잘했구나."

보라는 여러 기관과 어른들의 도움으로 치료를 받게 되었습니다. 의사 선생님의 말에 어른들은 다시 한번 놀랐습니다.

"지금 보라는 영양실조 상태입니다. 저 상태로 학교를 다닌 게 기적이지요. 그리고 자주 맞았는지 몸에 멍 자국이 있고,

금이 간 치아도 세 개나 됩니다."

의사 선생님의 말을 듣고 있던 보라 아빠가 울음을 터트렸습니다.

"죄송합니다. 다 제 잘못입니다. 흑흑……."

"보라는 몸이 회복되면 마음을 치료받기 위해 상담을 받아야 합니다. 마음이 회복되는 건 몸보다 더 시간이 걸린다는 것을 잊지 마세요."

술이 깬 보라 아빠는 고개를 들지 못했습니다.

보라 엄마가 병으로 세상을 떠나고, 아빠는 교통사고 후유증으로 일을 못하게 되었습니다. 그러다 자신도 모르게 점점 술을 마시게 되었고, 알코올 중독이 된 것입니다.

우는 아빠 옆에서 보라도 함께 눈물을 흘렸습니다.

아빠는 알코올 중독을 치료하기 위해 스스로 병원에 입원하기로 했습니다. 그동안 보라는 여러 기관과 어른들의 도움으로 건강을 회복하고 보살핌을 받을 수 있었습니다.

"보라야, 걱정 말고 무슨 일 있음 할머니한테 말해."

채영이 할머니가 보라의 손을 꼭 잡아 주었습니다.

오늘은 그동안 치료를 받느라 학교에 나오지 못했던 보라가 등교하는 날입니다. 보라네 반 아이들은 보라를 위한 깜짝 선물을 준비했습니다.

아침 일찍부터 학교에 나온 아이들은 보라에게 쓴 작은 쪽지를 교실 한쪽 벽에 가득 붙였습니다. 그리고 칠판 위에 보라를 환영하는 플래카드도 걸었습니다.

준비를 마친 아이들은 두근두근 떨리는 마음으로 보라를 기다렸습니다.

드디어 보라가 문을 열고 교실로 들어섰습니다. 아이들은 큰 소리로 보라를 맞이했습니다

"보라야! 어서 와! 보라야! 환영해!"

깜짝 놀란 보라가 그 자리에 가만히 멈춰 섰습니다.

그리고 잠시 얼굴에 미소가 번지는 듯하더니 이내 눈물을 뚝뚝 흘렸습니다.

선생님이 다가가 보라를 가만히 안아 주었습니다.

"울지 마! 울지 마!"

반 아이들이 한목소리로 외쳤습니다. 눈물을 흘리는 아이들

도 있었습니다.
 보라는 울고 있었지만 그것은 슬픔이 아닌 기쁨의 눈물이었습니다. 친구들의 선물은 보라의 마음을 어루만지는 사랑의 선물이었습니다.

안전이 최고야!

❤ 문제를 잘 보고 알맞은 곳에 스티커를 붙여 보세요.

1 친구의 몸에 멍이나 상처가 많으면 어떻게 해야 할까요?

㉮ 말 걸지 않고 모른 척해요.   ㉯ 혹시 무슨 일이 있는지 물어봐요.

2 누군가 심한 욕을 하거나 때리면 어떻게 해야 할까요?

㉮ 부모님이나 선생님, 파출소에 알려요.   ㉯ 더 맞을지 모르니 무조건 참고 견뎌요.

3 아빠가 술을 먹고 폭력을 휘두르면 어떻게 해야 할까요?

㉮ 아빠니까 아무에게도 말하면 안 돼요.   ㉯ 선생님이나 가까운 어른에게 알려요.

4 학원에서 힘센 아이들이 괴롭히면 어떻게 해야 할까요?

㉮ 부모님이나 선생님께 곧바로 말해요.

㉯ 부모님이 알면 걱정하니까 비밀로 해요.

5 혼자 우는 친구를 보면 어떻게 해야 할까요?

㉮ 어디 아픈 데가 있는지 물어봐요.

㉯ '울보'라고 놀려요.

노경실 선생님의 '아동 학대 안전' 이야기

어린이는 어른이 때리면 맞을 수밖에 없어요. 어른보다 힘이 약하기 때문이에요. 폭력은 어떤 이유로든 잘못된 행동이에요. 어른이 먹을 것이나 입을 것을 주지 않으면 어린이는 굶주리고 헐벗게 되지요. 어린이는 어른의 돌봄과 사랑이 필요하고 사랑받아야 할 존재예요. 그런데 요즘 어른들 중에는 어린이들을 함부로 대하거나 돌봄이 필요한 아이들을 모른 척하기도 해요. 어린이는 어른보다 힘은 약하지만 위험한 상황에서 나와 내 친구를 위해 도움을 청할 수 있어요. 그것이 바로 스스로를 지키는 '용기'랍니다.

정답 ① 나 가지 / ② 나 가지 / ③ 가지 / ④ 나 가지 / ⑤ 가지

인권 폭력 안전

나도 생각할 줄 알아요

"박사님, 어서 식사하세요."

식탁에 앉은 엄마의 부드러운 목소리입니다.

"우리 박사님 골고루 먹어야 건강하지."

밥에 고기반찬을 올려 주며 아빠가 하는 말입니다.

하지만 민이는 밥을 먹는 둥 마는 둥 합니다. 밥이 코로 들어가는지 입으로 들어가는지도 모를 만큼 민이의 마음은 불안하고 답답합니다.

오늘은 토요일이지만 민이는 쉴 틈이 없습니다. 테니스, 피아노, 영어와 수학, 그리고 에세이 쓰기까지 모두 5개의 수업을 해야 하기 때문입니다.

민이 부모님의 목표는 민이를 박사로 만드는 것입니다. 그래서 민이의 이름보다 '박사님'이라고 부를 때가 더 많습니다. 엄마는 아침에 눈을 뜨는 순간부터 잠잘 때까지 아니, 꿈속에서도 민이를 따라다닙니다. 일요일에도 쉴 수 없습니다.

늘 잠이 부족한 민이는 학교에서도 친구들과 이야기할 틈이 없습니다. 단 1분이라도 잠을 자는 게 좋기 때문입니다.

바쁜 주말을 보낸 민이는 학교에 오자마자 책상에 엎드렸습니다.

"민이, 너 주말에도 계속 학원 갔구나?"

짝꿍 소희가 민이를 안쓰러운 얼굴로 바라보았습니다.

수업이 시작되었습니다.

"오늘은 자기의 꿈이나 하고 싶은 일에 대해 이야기 나누는 시간을 가져볼 거예요."

선생님의 말에 아이들은 차례로 나와서 즐거운 얼굴로 장래 희망에 대해 이야기를 했습니다. 어떤 아이들은 꿈이 매일 바

뛰어서 잘 모르겠다고 하기도 하고, 건물주가 되어서 잘 먹고 잘살 거라고 장난스레 말하는 아이들도 있었습니다. 하지만 대부분의 아이들은 반짝반짝 빛나는 눈빛으로 미래의 내 모습을 이야기했습니다.

   드디어 민이 차례가 되었습니다. 민이가 앞으로 나오자 아이들이 호기심 가득한 얼굴로 바라보았습니다. 평소 친구들과도 잘 어울리지 않고, 쉬는 시간에는 늘 잠만 자는 민이에 대해 아는 것이 별로 없었기 때문입니다.

민이는 잠시 머뭇거리더니 들릴 듯 말 듯 작은 목소리로 말했습니다.

"나는…… 경, 경찰이 되고 싶어요."

경찰이 되고 싶다고 말하는 민이의 목소리가 바들바들 떨렸습니다.

"그래서…… 어른들 마음대로 어린이들의 꿈을…… 정하는 어른들을 잡, 잡아갈 거예요."

민이의 두 눈에서 눈물이 주르르 흘렀습니다.

선생님과 아이들은 갑작스런 민이의 모습에 깜짝 놀랐습니다. 그리고 민이의 우는 모습에 안쓰러운 마음이 들었습니다.

선생님은 수업을 마친 뒤, 모든 이야기를 민이 부모님께 전했습니다.

민이 엄마, 아빠는 깜짝 놀랐습니다. 그리고 그동안 민이를 위해 했던 모든 것들이 오히려 민이를 힘들게 했다는 것을 깨닫게 되었습니다.

이튿날, 학교로 간 엄마는 수업을 마친 민이와 함께 자동차를 타지 않고 걸었습니다.

"엄마, 빨리 영어 학원에 가야 하는데……."

민이가 조심스레 말했습니다.

"오늘은 학원 가지 말고 엄마랑 실컷 놀자."

민이는 너무 놀라 아무 말도 못하고 엄마를 쳐다보았습니다.

"진짜야. 이제 학원 안 다녀도 돼."

"엄마……."

엄마의 말에 민이의 눈에 눈물이 맺혔습니다.

엄마의 눈에도 눈물이 고였습니다. 엄마가 가만히 민이를 안아 주었습니다.

"민이야, 그동안 힘들었지? 엄마가 미안해. 이제부터는 무엇이든 너랑 이야기하고 결정할게. 엄마는 네가 훌륭한 박사가 되는 게 너를 위한 거라고 생각했어. 그게 너를 사랑하는 거라고 생각했던 거야. 엄마가 바보였어. 정말 미안해."

민이는 따뜻한 엄마 품에서 한참을 울었습니다.

엄마와 손을 꼭 잡고 집으로 돌아오는 길에 같은 아파트에

사는 현지를 만났습니다.
"민이야, 너 오늘은 학원에 안 가?"
"응, 나 이제 학원 안 다녀."
민이의 말에 현지의 동그란 눈이 커졌습니다.
"진짜? 와, 대박!"
"응, 이제 우리 같이 놀고, 같이 공부하자."
민이가 활짝 웃으며 말했습니다.
"좋아!"
현지가 펄쩍 뛰며 좋아했습니다.
민이와 현지의 모습을 바라보는 민이 엄마의 얼굴에도 환한 웃음꽃이 피었습니다.

안전이 최고야!

❤ 문제를 잘 보고 알맞은 곳에 스티커를 붙여 보세요.

1 '나'는 누구일까요?

㉮ 부모님이 낳았으니 부모님 거예요.

㉯ '나'의 주인은 나 자신이에요.

2 부모님이 내 꿈을 정해 준다면 어떻게 해야 할까요?

㉮ 내가 원하는 꿈에 대해 잘 이야기해요.

㉯ 싫어도 꾹 참고 받아들여요.

3 다니는 학원이 너무 많아 힘들면 어떻게 해야 할까요?

㉮ 학원은 중요하니까 무조건 다녀요.

㉯ 부모님과 잘 의논해 보아요.

4 잠이 부족할 만큼 공부할 양이 많으면 어떻게 해야 할까요?

㉮ 부모님이나 선생님께 말해서 공부량을 조절해요.

㉯ 성적이 중요하니까 무조건 해요.

5 누군가 나를 꼭두각시처럼 대하면 어떻게 해야 할까요?

㉮ 당당히 내 생각을 말해요.

㉯ 그냥 시키는 대로 하는 게 편해요.

노경실 선생님의 '인권 폭력 안전' 이야기

때리고, 먹이지 않고, 공부의 기회를 주지 않는 것만이 폭력이 아니에요. 어린이도 자기만의 생각과 의견을 말하고 결정할 자유가 있어요. 물론 아직 어리고, 인생 경험이 적어서 실수할 수 있기에 부모님이나 선생님과 의논하는 게 좋지요. 하지만 늘 감시하듯 따라다니고, 스스로 생각하고 판단할 기회조차 주지 않으며, 미래의 꿈까지 통제하는 것은 폭력이에요. 이럴 때에는 낭랑하게 자신의 의견을 말하고, 해결 방법을 찾는 것이 필요합니다.

정답 1 ㉮ 가 ㉯ 나 / 2 ㉮ 나 ㉯ 가 / 3 ㉮ 가 ㉯ 나 / 4 ㉮ 가 ㉯ 나 / 5 ㉮ 가 ㉯ 나

Safe lifestyle to create a safe future

    These days, why do we live in a more dangerous world despite the new technologies and high-tech products? The biggest reason is the social structure that is so complicated and moving insanely fast. It is really important to create a safe environment. Safety education is essential at home, at school, in the neighborhood, and at work. Among them, it is the most important to keep our own safety.

    Safety is not kept by 'words' or 'thoughts'. 'Knowing the right thing', that is, we need knowledge. Do you remember the proverb, "I see as much as I know, I understand as much as I know?" Even in the case of safety, the situation is the same. As far as we know, we can keep our safety. So it's very dangerous to know roughly. We must have the right safety knowledge through books and education.

    The 'Children's Safety Fairy Tales Series' tells children that keeping my body safe is: first, to protect my life and health, second, the first step in shaping my wonderful future. Also, it gives pleasure to our loved families and friends. I hope this book will be a good and friendly friend and teacher for the children's happy and safe life.